陶淵明集卷四

晉 陶潛 撰

詩五言

擬古 九首

其一

榮榮窗下蘭密密堂前柳初與君別時不謂行當久出門萬里客中道逢嘉友未言心相醉不在接杯酒蘭枯

柳亦衰遂令此言負多謝諸少年相知不忠厚意氣傾人命離隅復何有

其二

辭家夙嚴駕當往志無終問君今何行非商復非戎聞有田子春節義為士雄斯人久已死鄉里習其風生有高世名既沒傳無窮不學狂馳子直在百年中田疇字子春漢北平無終人時董卓遷帝于長安幽州牧劉虞欲遣使奔問行在無其人聞疇奇士乃署為從事疇將行道路阻絕遂循間道至長安致命詔拜騎都尉疇以天子蒙塵不可荷佩榮寵固辭不受得報還虞已為公孫瓚所

滅疇謁虞墓哭泣而去瓚怒曰汝何不送章報於我疇答曰云云瓚壯之疇得此歸遂入徐無山中

其三

仲春遘時雨始雷發東隅衆蟄各潛駭草木從横舒翩翩新來燕雙雙入我廬先巢故尚在相將還舊居自從分別來門庭日荒蕪我心固匪石君情定何如

其四

迢迢百尺樓分明望四荒暮作歸雲宅朝為飛鳥堂山河滿目中平原獨茫茫古時功名士慷慨爭此場一旦

百歲後相與還北邙音忙松栢為人伐高墳互低昻頽基無遺主遊魂在何方榮華誠足貴亦復可憐傷

其五

東方有一士被服常不完三旬九遇食說苑子思三旬九食十年著一冠辛苦無此比常有好容顔我欲觀其人晨去越河關青松夾路生白雲宿簷端知我故來意取琴為我彈上絃驚別鶴下絃操孤鸞願留就君住從今至歲寒

其六

蒼蒼谷中樹冬夏常如兹年年見霜雪誰謂不知時厭聞世上語結友到臨淄稷下多談士指彼決吾疑裝束既有日已與家人辭行行停出門還坐更自思不怨道里長但謂人我欺萬一不合意永為世笑之伊懐難具道為君作此詩

湯東澗曰前四句興而比以言吾有定見而不為談者所眩似謂白蓮社中人也

其七

日暮天無雲春風扇微和佳人美清夜達曙酣且歌曙東方明歌竟長歎息持此感人多皎皎雲間月灼灼葉中華豈無一時好不久當如何

其八

少時壯且厲撫劍獨行游誰言行游近張掖至幽州飢食首陽薇渴飲易水流荊軻為燕太子丹刺秦王太子及賓客皆送至易水之上不見相知人惟見古時邱路邊兩高墳伯牙與莊周此士難再得吾行欲何求

東澗曰首陽易水亦寓憤世之意說苑鍾子期死而伯牙絶絃破琴知世莫可爲鼓也惠施卒而莊子深瞑不言見世莫可語也伯牙之琴莊周之言惟鍾惠能聽今有能聽之人而無可聽之言此淵明所以罷遠游也

其九

種桑長江邊三年望當採枝條始欲茂忽值山河改柯葉自摧折根株浮滄海春蠶既無食寒衣欲誰待本不

植高原今日復何悔

東澗曰葉成志樹而時代遷革不復可騁然生斯時矣奚所歸悔耶

雜詩十二首

其一

人生無根蔕飄如陌上塵分散逐風轉此已非常身落地為兄弟何必骨肉親得歡當作樂斗酒聚比隣盛年不重來一日難再晨及時當勉勵歲月不待人

其二

白日淪西河素月出東嶺遥遥萬里輝蕩蕩空中景風來入房戸夜中枕席冷氣變悟時易不眠知夕永欲言無予和揮杯勸孤影日月擲人去有志不獲騁念此懷悲悽終曉不能静

其三

榮華難久居盛衰不可量昔為三春蕖今作秋蓮房嚴霜結野草枯悴未遽央日月有環周我去不再陽眷眷

往昔時憶此斷人腸

湯東澗曰此篇亦感興亡之意

其四

丈夫志四海我願不知老親戚共一處子孫還相保觴絃肆朝日罇中酒不燥緩帶盡歡娛起晚眠常早孰若當世士氷炭滿懷抱百年歸邱壟用此空名道

其五

憶我少壯時無樂自欣豫猛志逸四海騫翮思遠翥荏

苒歲月頹此心稍已去值歡無復娛每每多憂慮氣力漸衰損轉覺日不如壑舟無須臾引我不得住前塗當幾許未知止泊處古人惜寸陰念此使人懼

湯東澗曰太白詩云百歲落半塗前期浩漫漫中宵不成寐天明起長歎人生學無歸宿者例有此歎必聞道而後免此此淵明所以惜寸陰歟

其六

昔聞長者言掩耳每不喜柰何五十年忽已親此事求
我盛年歡（男子自二十一至二十九則為盛年）一毫無復意去去轉欲遠
此生豈再值傾家時作樂竟此歲月駛有子不留金何
用身後置

按此詩靖節年五十作也時義熙十年甲寅初
廬山東林寺主釋慧遠集緇素百二十有三人
於山西巖下般若臺精舍結白蓮社歲以春秋
二節同寅協恭朝宗靈像也及是秋七月二十

八日命劉遺民撰同誓文以申嚴斯事其間譽望尤著為當世推重者號社中十八賢劉遺民張詮雷次宗宗炳周續之張野等預焉時秘書丞謝靈運才學為江左冠而負才傲物少所推挹一見遠公遽改容致敬因於神殿後鑿二池植白蓮以規求入社遠公察其心雜拒之靈運晚節疎放不檢果不克令終中書侍郎范甯直節立朝為權貴譖忌出守豫章遠公移書邀入社甯辭不至蓋未能頓

委世緣也靖節與遠公雅素寧為方外交而不
顧蓮社列遠公遂作詩博酒鄭重招致竟不可
詘按梁僧慧皎高僧傳遠公持律精苦雖豉酒
米汁及蜜水之微且誓死不犯乃欽靖節風槩
顧我能致之者力為之不假卹靖節反麾而謝
之或與樵蘇田父班荊道舊于何庸流能窺其
趣哉靖節每來社中一日謁遠公甫及寺外聞
鐘聲不覺顰容遽命還駕法眼禪師晚參示衆

云今夜鐘鳴復來有何事若是陶淵明攢眉却迴去此靖節洞明心要惟法眼特為揄揚張商英有詩云虎溪回首去陶令趣何深謝無逸詩云淵明從遠公了此一大事下視區中賢畧不可人意遠公居山餘三十年影不出山蹟不入俗送賔游履常以虎溪為界他日偕靖節簡寂禪觀主陸脩靜語道不覺過虎溪數百步虎輒驟鳴因相與大笑而別石恪遂作三笑圖東坡

贊之李伯時蓮社圖李元宗紀之足標一時之
風致云

其七

日月不肯遲四時相催迫寒風拂枯條落葉掩長陌弱
質與運頹玄鬢早已白（靖節早年髮白）素標插人頭前途漸就
窄家為逆旅舍我如當去客去去欲何之南山有舊宅

其八

代耕本非望所業在田桑躬親未曾替寒餒常糟糠豈

期過滿腹但願飽粳糧御冬足大布粗絺以應陽正爾不能得山谷云正爾不能得乃當時語改作止甚失語法哀哉亦可傷人皆盡獲宜拙生失其方理也可奈何且為陶一觴

其九

遥遥從羇役一心處兩端掩淚汎東逝順流追時遷日沒星與昴勢翳西山巔蕭條隔天涯惆悵念常餐慷慨思南歸路遐無由緣關梁難虧替絶音寄斯篇

其十

閒居執蕩志時駛不可稽驅役無停息軒裳逝東崦沉
陰擬薰麝寒氣激我懷歲月有常御我來淹已彌慷慨
憶綢繆此情久已離荏苒經十載暫為人所羈庭宇翳
餘木倏忽日月虧

其十一

我行未云遠回顧慘風凉春燕應節起高飛拂塵梁邊
鴈悲無所代謝歸北鄉離鵾鳴清池涉暑經秋霜愁人
難為辭遥遥春夜長

其十二

嫋嫋松標崖婉孌柔童子年始三五間喬柯何可倚養色含津氣粲然有心理

東坡和陶無此篇

詠貧士七首

其一

萬族各有託孤雲獨無依曖曖空中滅何時見餘暉朝霞開宿霧衆鳥相與飛遲遲出林翮未夕復來歸量力

守故轍豈不寒與飢知音苟不存已矣何所悲
湯東澗曰孤雲倦翮以興舉世皆依乘風雲而
已獨無攀援飛翻之志寧忍飢寒以守志節縱
無知此意者亦不足悲也
其二
淒厲歲云暮擁褐曝前軒南圃無遺秀枯條盈北園傾
壺絶餘瀝闚竈不見烟詩書塞座外日昃不遑研閒居
非陳厄竊有慍見言何以慰吾懷賴古多此賢

其三

榮叟老帶索欣然方彈琴見飲酒註原生納决屨清歌暢高音原憲重華去我久貧士世相尋弊襟不掩肘藜羮常之斟豈忘襲輕裘苟得非所欽賜也徒能辯乃不見吾心

其四

安貧守賤者自古有黔婁劉向列女傳魯黔婁妻者魯黔婁先生之妻也先生死曾子哭之畢曰何以為謚其妻曰以康為謚曾子曰先生在時食不充口衣不蓋形死則手足不歛何樂於此而謚為康耶其妻曰昔先生君嘗欲授之政以為國相辭而不受是有餘貴也君嘗賜之粟三十鍾辭而不受是

有餘富也彼先生者甘天下之淡味安天下之卑位不戚戚於貧賤不忻忻於富貴求仁得仁求義得義其謚曰康不亦宜乎好爵吾不榮厚饋吾不酬一旦壽命盡獘服仍不周豈不知其極非道故無憂從來將千載未復見斯儔朝與仁義生夕死復何求

其五

袁安困積雪邈然不可干晉書洛陽大雪丈餘縣令出見袁安門無行迹謂其已死入見安偃臥問其故答曰大雪人乏食不宜干人令賢之舉孝廉阮公見錢入即日棄其官芻藁有常溫採莒足朝餐豈不實辛苦所懼非飢

寒貧富常交戰道勝無戚顏至德冠邦閭清節映西關

其六

仲蔚愛窮居遶宅生蒿蓬翳然絕交游賦詩頗能工舉世無知者止有一劉龔張仲蔚善屬文好詩賦常居窮素所處蓬蒿沒人閉門養性時人莫知惟劉龔知之此士胡獨然實由罕所同介焉安其業所樂非窮通莊子古之得道者窮亦樂通亦樂所樂非窮通也人事固以拙聊得長相從

其七

昔在黄子廉黄蓋傳云南陽太守黄子廉之後也彈冠佐名州一朝辭吏歸清貧略難儔年饑感仁妻泣涕向我流丈夫雖有志固為兒女憂惠孫一晤歎腆贈竟莫酬誰云固窮難邈哉此前脩

詠二疏并序

漢疏廣傳廣字仲翁為太子太傅兄子受為太子少傅在位五歲廣謂受曰知足不辱知止不殆今仕宦至二千石名立如此不去懼有後悔

豈如父子相隨出關歸老故鄉不亦善乎即日
上疏乞骸骨宣帝許之公卿大夫故人邑子設
祖道供帳東都門外送者車數百兩觀者皆曰
賢哉二大夫廣歸鄉里日具酒食故舊賓客與

相娛樂

大象轉四時功成者自去（蔡澤云四時之序功成者去）借問衰周來
幾人得其趣游目漢廷中二疏復此舉高嘯返舊居長
揖儲君傅餞送傾皇朝華軒盈道路離别情所悲餘榮

何足顧事勝感行人賢哉豈常譽厭厭閭里歡所營非近務促席延故老揮觴道平素問金終寄心清言曉來悟放意樂餘年遑恤身後慮誰云其人亡久而道彌著

東坡曰詠二疏詩淵明未嘗出二疏既出而知返其志一也或以謂既出而返如從病得愈其味勝於初不病此惑者顛倒見耳

東澗曰二疏取其歸三良與主同死荆卿為主報仇皆託古以自見云

詠三良并序

三良子車氏子奄息仲行鍼虎穆公歿康公從治命以三子為殉國人哀之賦黃鳥

彈冠乘通津但懼時我遺服勤盡歲月常恐功愈微忠情謬獲露遂為君所私出則陪文輿入必侍丹帷箴規嚮已從計議初無虧一朝長逝後願言同此歸厚恩固難忘君命安可違臨穴罔惟疑投義志攸希荊棘籠高墳黃鳥聲正悲良人不可贖泫然沾我衣

萬常之曰三良以身殉秦穆之葬黄鳥之詩哀之序詩者謂國人刺繆公以人從死則咎在秦穆不在三良矣王仲宣云結髪事明君受恩良不訾臨没要之死焉得不相隨陶元亮云厚恩固難忘君命安可違是皆不以三良之死為非也至李德裕則謂社稷死則死之不可許之死欲與梁邱據安陵君同譏則是罪三良之死非其所矣然君命之於前衆驅之於後為三良者

雖欲不死得乎惟柳子厚云疾病命固亂魏氏
言有章從邪陷厥父吾欲討彼狂使康公能如
魏顆不用亂命則豈至陷父於不義如此哉東
坡和陶亦云顧命有治亂臣子得從違魏顆真
孝愛三良安足希似與柳子之論合審如是則
三良不能無罪然坡公過秦穆墓詩乃云穆公
生不誅孟明豈有死之日而忍用其良乃知三
子徇公意亦如齊之二子從田横則又言三良

之殉非穆公之意也

詠荆軻

燕丹善養士志在報強嬴招集百夫良歲暮得荆卿君子死知己提劍出燕京素驥鳴廣陌慷慨送我行雄髮指危冠猛氣充長纓飲餞易水上四座列羣英漸離擊悲筑宋意唱高聲淮南子高漸離宋意為擊筑而歌於易水之上蕭蕭哀風逝淡淡寒波生商音更流涕羽奏壯士驚心知去不歸且有後世名登車何時顧飛蓋入秦庭凌厲越萬里逶迤

過千城圖窮事自至豪主正怔營惜哉劔術踈魯句踐聞荆軻

之刺秦王曰惜哉其不講於刺劔之術也奇功遂不成其人雖已没千載有

餘情

朱文公曰淵明詩人皆說平淡看他自豪放得來不覺其露出本相者是詠荆軻一篇平淡底人如何說得這樣言語出來

讀山海經按讀山海經穆天子傳止題讀山海

其一

孟夏草木長遶屋樹扶疎衆鳥欣有託吾亦愛吾廬既耕亦已種時還讀我書窮巷隔深轍頗迴故人車歡然酌春酒摘我園中蔬微雨從東來好風與之俱汎覽周王傳（周穆天子傳者太康二年汲縣民發古塚所獲書也）流觀山海圖俯仰終宇宙不樂復何如

其二

玉臺凌霞秀王母怡妙顏天地共俱生不知幾何年靈化無窮已館宇非一山高酣發新謠寧效俗中言

山海經云玉山王母所居又云處崑崙之邱郭
璞註云王母亦自有離宮别館不專住一山也
穆天子傳西王母宴穆王於瑤池之上為天子
謠曰云云

其三

迢遞槐江嶺是謂玄圃邱西南望崑墟光氣難與儔亭
亭明玕照落落清瑶流恨不及周穆託乘一來游

山海經云槐江之山其上多琅玕實惟帝之平

圃南望崑崙其光熊熊其氣魂魂爰有淫流其清洛洛平圃即玄圃淫流上音遥　穆傳天子銘跡於玄圃之上

其四

丹木生何許迺在峚音密山陽黄花復朱實食之壽命長白玉凝素液瑾瑜發奇光豈伊君子寶見重我軒黄

山海經云峚山上多丹木黄華而赤實食之不飢丹水出焉其中多白玉是有玉膏黄帝是食

是饗瑾瑜之玉為良潤澤而有光君子服之以
禦不祥

其五

翩翩三青鳥毛色奇可憐朝為王母使暮歸三危山我
欲因此鳥具向王母言在世無所須惟酒與長年

山海經云三青鳥主為西王母取食又曰三危
之山三青鳥居之

其六

逍遥蕪皐上杳然望扶木洪柯百萬尋森散覆暘谷靈人侍丹池朝朝為日浴神景一登天何幽不見燭

山海經云大荒之中有山上有扶木柱三百里有谷曰暘谷上有扶木註云扶桑在上

其七

粲粲三珠樹寄生赤水陰亭亭凌風桂八榦共成林靈鳳撫雲舞神鸞調玉音雖非世上寶爰得王母心

山海經云三珠樹生赤水上其樹如栢葉皆為

珠　桂林八樹在番隅東八樹而成林言其大也　䟽民之國爰有歌舞之鳥鸞鳥自歌鳳鳥自舞

其八

自古皆有沒何人得靈長不死復不老萬歲如平常赤泉給我飲員邱足我糧方與三辰游壽考豈渠央

山海經云不死民在交脛國東其人黑色壽不死

其九

夸父誕宏志乃與日競走俱至虞淵下似若無勝負神
力既殊妙傾河焉足有餘迹寄鄧林功竟在身後

山海經云夸父不量力欲追日景逮之於禺谷
渴欲得飲飲於河渭河渭不足北飲大澤未至
道渴而死棄其杖化為鄧林夸父者神人之名
也其能及日景而傾河渭豈以走飲哉

其十

精衛銜微木將以塡滄海刑天舞干戚猛志故常在同物既無慮化去不復悔徒設在昔心良晨詎可待

山海經云精衛炎帝之少女名曰女娃游于東海溺而不返故為精衛常銜西山之木石以堙東海

曾紘曰余嘗評陶公詩語造平淡而寓意深遠外若枯槁中實敷腴真詩人之冠冕也平生酷愛此作每以世無善本為恨因山海經詩云形

天無干歲猛志固常在疑上下文義不相貫遂取山海經參校經中有云刑天獸名也口中好銜干戚而舞乃知此句是刑天舞干戚故與猛志固常在相應五字皆訛蓋字畫相近無足怪者因思宋宣獻言校書如拂几上塵旋拂旋生豈欺我哉

其十一

巨猾肆威暴欽䲹違帝旨窫窳上音軋下音愈强能變祖江遂

獨死明明上天鑒為惡不可履長枯固已劇鵕鶚豈足
恃

山海經云鍾山神其子曰鼓是與欽䲹（音邳）殺祖江于崑崙之陽帝乃戮之欽䲹化為大鶚鼓亦化為鵕鳥見即其邑大旱　窫窳龍首居弱水中注云本蛇身人面為貳負臣所殺復化而成此物

其十二

鵃鶩當作鴟鴸見城邑其國有放士念彼懷生世當時數來止青邱有奇鳥自言獨見爾本為迷者生不以喻君子

山海經云柜山有鳥其狀如鴟其名曰鴸音洙見則其縣多放士注放逐也青邱之山有鳥狀如

鴸

其十三

巖巖顯朝市帝者慎用才何以廢共鯀重華為之來仲父獻誠言姜公乃見猜臨沒告飢渴當復何及哉

擬挽歌辭三首

其一

有生必有死早終非命促昨暮同為人今旦在鬼録魂氣散何之枯形寄空木嬌兒索父啼良友撫我哭得失不復知是非安能覺千秋萬歲後誰知榮與辱但恨在世時飲酒不得足

其二

在昔無酒飲今但湛空觴春醪生浮蟻何時更能嘗殽

案盈我前親舊哭我傍欲語口無音欲視眼無光昔在
高堂寢今宿荒草鄉一本有荒草無人眠極視正茫茫二句一朝出門去
歸來夜未央

其三

荒草何茫茫白楊亦蕭蕭嚴霜九月中送我出遠郊四
面無人居高墳正嶕嶢馬為仰天鳴風為自蕭條幽室
一已閉千年不復朝千年不復朝賢達無奈何向來相
送人各自還其家親戚或餘悲他人亦已歌死去何所

道託體同山阿

祁寬曰昔人自作祭文挽詩者多矣或寓意騁辭成於暇日寬攷次靖節詩文乃絶筆於祭挽三篇蓋出於屬纊之際者辭情俱達尤為精麗其於晝夜之道了然如此古之聖賢唯孔子曾子能之見於曳杖之歌易簀之言嗟哉斯人没七百年未聞有稱贊及此者因表而出之附于卷末

趙泉山曰嚴霜九月中送我出遠郊與自祭文律中無射之月相符知挽辭乃將逝之夕作是以梁昭明采此辭入選止題曰陶淵明挽歌而編次本集者不悟乃題云擬挽歌辭曾端伯曰秦少游將亡效淵明自作哀挽王平甫亦云九月清霜送陶令此則挽辭決非擬作從可知矣又曰晉桓伊善挽歌庾晞亦喜為挽歌每自摇大鈴為唱使左右齊和袁山松遇出遊則好令

左右作挽歌類皆一時名流達士習尚如此非如今之人例以為悼亡之語而惡言之也

按蘇劉皆不和豈畏死耶

聯句

鳴鴈乘風飛去去當何極念彼窮居士如何不嘆息淵明

雖欲騰九萬扶搖竟何力遠招王子喬雲駕庶可飭愔之

顧侶正徘徊離離翔天側霜露豈不切務從忘愛翼循之

高柯濯條幹遠眺同天色思絕慶未看徒使生迷惑淵明

陶淵明集卷四

欽定四庫全書

陶淵明集卷五

晉 陶潛 撰

雜文

桃花源記

并詩桃源經曰桃源山在縣南一十里西北乃沅水曲流而南有障山東帶鈔鑼溪周回三十有二里所謂桃花源也

晉太元中武陵人捕魚為業漁人姓黄名道真緣溪行忘路之遠近忽逢桃花林夾岸數百步中無雜樹芳草鮮美落

英繽紛漁人甚異之復前行欲窮其林林盡水源便得一山山有小口髣髴若有光便捨船從口入初極狹纔通人復行數十步豁然開朗土地平曠屋舍儼然有良田美池桑竹之屬阡陌交通雞犬相聞其中往來種作男女衣着悉如外人黃髮垂髫並怡然自樂見漁人乃大驚問所從來具答之便要還家設酒殺雞作食村中聞有此人咸來問訊自云先世避秦時亂率妻子邑人來此絶境不復出焉遂與外人間隔問今是何世乃不

知有漢無論魏晉此人一一為具言所聞皆歎惋餘人各復延至其家皆出酒食停數日辭去此中人語云不足為外人道也既出得其船便扶向路處處誌之及郡下詣太守說如此（太守劉歆）太守即遣人隨其往尋向所誌遂迷不復得路南陽劉子驥高尚士也聞之欣然親往未果尋病終後遂無問津者

嬴氏亂天紀賢者避其世黃綺之商山伊人亦云逝往迹浸復湮來逕遂蕪廢相命肆農耕日入從所憩桑竹

垂餘蔭菽稷隨時藝春蠶取長絲秋熟靡王稅荒路曖交通鷄犬互鳴吠俎豆猶古法衣裳無新製童孺縱行歌班白歡游詣草榮識節和木衰知風厲雖無紀歷誌四時自成歲怡然有餘樂于何勞智慧奇蹤隱五百一朝敞神界淳薄既異源旋復還幽蔽借問游方士焉測塵囂外願言躡輕風高舉尋吾契

唐子西曰唐人有詩云山僧不解數甲子一葉落知天下秋及觀淵明詩云雖無紀歷誌四時

自成歲便覺唐人費力如此如桃花源記言尚不知有漢無論魏晉可見造語之簡妙蓋晉人工造語而淵明其尤也

東坡曰世傳桃源事多過其實考淵明所記止言先世避秦亂來此則漁人所見似是其子孫非秦人不死者也又云殺鷄作食豈有仙而殺者乎舊說南陽有菊水水甘而芳居民三十餘家飲其水皆壽或至百二三十歲蜀青城山老

人村有五世孫者道極險遠生不識鹽醯而溪中多枸杞根如龍蛇飲其水故壽近歲道稍通漸能致五味而壽益衰桃源蓋此比也使武陵太守得至焉則已化為爭奪之場久矣常意天壤間若此者甚衆不獨桃源

胡仔曰東坡此論蓋辨證唐人以桃源為神仙如王摩詰劉夢得韓退之作桃源行是也惟王介甫作桃源行與東坡之論合

桃花源記言太元中事詩云奇蹤隱五百韓退之桃源圖詩又以為六百年洪慶善曰自始皇三十三年築長城明年燔詩書又明年坑儒生三十七年胡亥立三年而滅於漢二漢四百二十五年而為魏魏四十五年而為晉至孝武寧康三年通五百八十八年明年改元太元至太元十二年乃及六百年

趙泉山曰靖節退之雖各舉其歲盈數要之六

百載為近實而桃花源事當在孝武帝太元十三年丁亥前數年間任安貧武陵記直據奇蹤隱五百之語輒改為太康中彼不知靖節所記劉子驥者正太元時人

歸去來兮辭 并序

余家貧耕植不足以自給幼稚盈室缾無儲粟生生所資未見其術親故多勸余為長吏令長也脫然有懷求之靡途會有四方之事衛建威命使都諸

俟以惠愛為德家叔以余貧苦遂見用于小邑（當時刺史得自采辟所部縣令而版授之故云）于時風波未靜心憚遠役彭澤去家百里公田之利足以為酒故便求之及少日眷然有歸歟之情何則質性自然非矯厲所得飢凍雖切違己交病嘗從人事皆口腹自役於是悵然慷慨深媿平生之志猶望一稔當斂裳宵逝（詳序意其艱窶就仕可知）尋程氏妹喪于武昌（任廣云程氏妹從夫姓也）情在駿奔自免去職仲秋至冬

在官八十餘日因事順心命篇曰歸去來兮乙巳歲十一月也

歸去來兮田園將蕪胡不歸既自以心為形役奚惆悵而獨悲悟已往之不諫知來者之可追實迷途其未遠覺今是而昨非舟遙遙以輕颺風飄飄而吹衣問征夫以前路恨晨光之熹微日欲暮也乃瞻衡宇載欣載奔僮僕歡迎稚子候門三逕就荒松菊猶存三輔決錄云蔣詡舍中竹下開三逕唯故人求仲羊仲從之遊也攜幼入室有酒盈罇引壺觴以自酌眄

庭柯以怡顏倚南窻以寄傲審容膝之易安園日涉以
成趣門雖設而常關策扶老以流憩時矯首而遐觀雲
無心而出岫鳥倦飛而知還景翳翳以將入撫孤松而
盤桓歸去來兮請息交以絶游世與我而相違復駕言
兮焉求悅親戚之情話樂琴書以消憂農人告余以春
及將有事於西疇或命巾車或棹孤舟既窈窕以尋壑
亦崎嶇而經丘木欣欣以向榮泉涓涓而始流始音試喜
萬物之得時感吾生之行休已矣乎寓形宇内復幾時

曷不委心任去留胡為乎遑遑兮欲何之富貴非吾願帝鄉不可期懐良辰以孤往或植杖而耘耔登東臯以舒嘯臨清流而賦詩聊乘化以歸盡樂夫天命復奚疑

歐陽文忠公曰晉無文章惟陶淵明歸去來兮辭一篇而已

李格非曰陶淵明歸去來兮辭沛然如肺腑中流出殊不見有斧鑿痕

朱文公曰其詞義夷曠蕭散雖託楚聲而無尤

怨切蹙之病

休齋曰詩變而為騷騷變而為辭皆可歌也詞則兼詩騷之聲而尤簡邃焉者漢武帝作秋風辭一章三易韻其節短其聲哀此詞之權輿乎陶淵明罷彭澤令賦歸去來而自命曰辭迨令人歌之頓挫抑揚自協聲韻蓋其詞高甚晉宋而下欲追躡之不能然秋風詞盡蹈襲楚辭未甚敷暢歸去來則自出機杼所謂無首無尾無

始無終前非歌而後非辭欲斷而復續將作而遽止謂洞庭鈞天而不澹謂霓裳羽衣而不綺此其所以超乎先秦之世而與之同範也

韓子蒼曰傳言淵明以郡遣督郵至即日解印綬去而淵明自叙以程氏妹喪去奔武昌余觀此士既以違己交病又愧役於口腹意不欲仕久矣及因妹喪即去蓋其孝友如此世人但以不屈於州縣吏為高故以因督郵而去此去識

時委命其意固有在矣豈一督郵能為之去就哉躬耕乞食且猶不耻而耻屈於督郵必不然矣

東坡曰俗傳書生入官庫見錢不識或怪而問之生曰固知其為錢但怪其不在紙裹中耳予偶讀淵明歸去來辭云幼稚盈室缾無儲粟乃知俗傳信而有證使缾有儲粟亦甚微矣此翁平生只於缾中見粟也耶

五柳先生傳 幷贊

先生不知何許人也亦不詳其姓字宅邊有五柳樹因以爲號焉閒靜少言不慕榮利好讀書不求甚解每有會意便欣然忘食性嗜酒家貧不能常得親舊知其如此或置酒而招之造飲輒盡期在必醉既醉而退曾不悋情去留環堵蕭然不蔽風日短褐穿結簞瓢屢空晏如也常著文章自娛頗示己志忘懷得失以此自終

贊曰

黔婁有言不戚戚於貧賤不汲汲於富貴其言兹若人之儔乎黔婁註見前　酬觴賦詩以樂其志無懐氏之民歟葛天氏之民歟

藝苑雌黄曰士人言縣令事多用彭澤五株柳雖白樂天六帖亦然以予考之陶淵明潯陽柴桑人也宅邊有五柳樹因號五柳先生後為彭澤令去家百里則彭澤未嘗有五柳也予初論此人或不然其說比觀南部新書云晉書陶淵

明本傳云潛少懷高尚博學善屬文嘗作五柳先生傳以自況先生不知何許人不詳姓字宅邊有五柳樹因以為號焉即非彭澤令時所栽人多於縣令事使五柳誤也豈所謂先得我心之所同然者與苕溪漁隱曰沈彬詩陶潛彭澤五株柳潘岳河陽一縣花皆誤用也

晉故西征大將軍長史孟府君傳 并贊

君諱嘉字萬年 江夏鄂人也曾祖父宗以孝行稱仕吳

司馬祖父揖元康中為廬陵太守宗葬武昌新陽縣子
孫家焉遂為縣人也君少失父奉母二弟居娶大司馬
長沙桓公陶侃第十女閨門孝友人無能間鄉閭稱之
冲默有遠量弱冠儔類咸敬之同郡郭遜以清操知名
時在君右常歎君溫雅平曠自以為不及遜從弟立亦
有才志與君同時齊譽每推服焉由是名冠州里聲流
京邑太尉潁川庾亮以帝舅民望受分陝之重鎮武昌
并領江州辟君部廬陵從事下郡還亮引見問風俗得

失對曰嘉不知還傳當問從吏亮以麈尾掩口而笑諸從事既去喚弟翼語之曰孟嘉故是盛德人也君既辭出外自除吏便步歸家母在堂兄弟共相歡樂怡怡如也旬有餘日更版為勸學從事時亮崇修學校高選儒官以君望實故應尚德之舉大傳河南褚裒簡穆有器識時為豫章太守出朝宗亮正旦大會州府人士率多時彥君在坐次甚遠裒問亮江州有孟嘉其人何在亮云在坐卿但自覔裒歷觀遂指君謂亮曰將無是耶亮

欣然而笑喜裒之得君奇君為裒之所得乃益器焉舉
秀才又為安西將軍庾翼府功曹再為江州别駕巴丘
令征西大將軍譙國桓温參軍君色和而正温甚重之
九月九日温游龍山參佐畢集四弟二甥咸在坐時佐
吏並著戎服有風吹君帽墮落温目左右及賓客勿言
以觀其舉止君初不自覺良久如厠温命取以還之廷
尉太原孫盛為諮議參軍時在坐温命紙筆令嘲之文
成示温温以著坐處君歸見嘲笑而請筆作荅了不容

思文辭超卓四座歎之奉使京師除尚書刪定郎不拜孝宗穆皇帝聞其名賜見東堂君辭以脚疾不任拜起詔使人扶入君嘗為剌史謝永別駕永會稽人喪亡君求赴義路由永興高陽許詢有儁才辭榮不仕每縱心獨往客居縣界嘗乘船近行適逢君過歎曰都邑美士吾盡識之獨不識此人唯聞中州有孟嘉者將非是乎然亦何由來此使問君之從者君謂其使曰本心相過今先赴義尋還就君及歸遂止信宿雅相知得有若舊

交還至轉從事中郎俄遷長史在朝隤然仗正順而已門無雜賓嘗會神情獨得便超然命駕逕之龍山顧景酣宴造夕乃歸温從容謂君曰人不可無勢我乃能駕御卿後以疾終於家年五十一始自總髮至于知命行不苟合言無夸矜未嘗有喜慍之容好酣飲逾多不亂至於任懷得意融然遠寄傍若無人温嘗問君酒有何好而卿嗜之君笑而荅曰明公但不得酒中趣爾又問聽妓絲不如竹竹不如肉荅曰漸近自然中散大夫桂

陽羅含賦之曰孟生善酣不愆其意光祿大夫南陽劉躭昔與君同在溫府淵明從父太常夔嘗問躭君若在當已作公否答云此本是三司人為時所重如此淵明先親君之第四女也凱風寒泉之思實鍾厥心謹按採行事撰為此傳懼或乖謬有虧大雅君子之德所以戰戰兢兢若履深薄云爾

贊曰

孔子稱進德修業以及時也君清蹈衡門則令聞孔昭

振纓公朝則德音允集道悠運促不終遠業惜哉仁者必壽豈斯言之謬乎

讀史述九章余讀史記有所感而述之

夷齊

二子讓國相將海隅天人革命絶景窮居采薇高歌慨想黃虞貞風凌俗爰感懦夫

箕子

去鄉之感猶有遲遲矧伊代謝觸物皆非哀哀箕子云

胡能夷狄童之歌悽矣其悲

管鮑

知人未易相知實難淡美初交利乖歲寒管生稱心鮑叔必安奇情雙亮令名俱完

程杵

遺生良難士為知已望義如歸允伊二子程生揮劒懼兹餘恥令德永聞百代見紀

七十二弟子

恂恂舞雩莫曰匪賢俱映日月共飡至言慟由才難感為情牽回也早夭賜獨長年

屈賈

進德修業將以及時如彼稷契孰不願之嗟乎二賢逢世多疑候詹寫志感鵩獻辭

韓非

豐狐隱穴以文自殘君子失時白首抱關巧行居災伎辨名患哀矣韓生竟死説難

魯二儒

易代隨時迷變則愚介介若人特為貞夫德不百年汙我詩書逝然不顧被褐幽居

張長公

遠哉長公蕭然何事世路多端皆為我異斂轡朅來獨養其志寢跡窮年誰知斯意

東坡曰讀史述九章夷齊箕子蓋有感而云去之五百餘載吾猶識其意也

葛常之韻語陽秋云淵明讀史九章其間皆有深意其尤章章者如夷齊箕子魯二儒三篇夷齊云天人革命絕景窮居貞風凌俗爰感懦夫箕子云去鄉之感猶有遲遲矧伊代謝觸物皆非魯二儒云易代隨時迷變則愚介介若人特為貞夫由是觀之則淵明委身窮巷甘黔婁之貧而不自悔者豈非以恥事二姓而然耶

陶淵明集卷五

陶淵明集卷六

晉 陶潛 撰

賦

感士不遇賦并序

昔董仲舒作士不遇賦司馬子長又為之余嘗以三餘之日講習之暇讀其文慨然惆悵夫履信思順生人之善行抱朴守靜君子之篤素自

真風告逝大偽斯興閭閻懈廉退之節市朝驅易進之心懷正志道之士或潛玉於當年潔已清操之人或沒世以徒勤故夷皓有安歸之歎三閭發已矣之哀悲夫寓形百年而瞬息已盡立行之難而一城莫賞此古人所以染翰慷慨屢伸而不能已者也夫導達意氣其惟文乎撫卷躊躇遂感而賦之

咨大塊之受氣何斯人之獨靈禀神智以藏照秉三五

而無名或擊壤以自歡韻語陽秋曰藝經云壤以木為之前廣後狹長尺四寸濶三寸其形如履將戲先側擊壤於地遠三四十步以手中壤擊之中者為上蓋古戲也或大濟於蒼生靡潛躍之非分常傲然以稱情世流浪而遂徂物羣分以相形密網裁而魚駭宏羅制而鳥驚彼達人之善覺乃逃祿而歸耕山嶷嶷而懐影川汪汪而藏聲望軒唐而永歎甘貧賤以辭榮淳源汨以長分美惡作以異途原百行之攸貴莫為善之可娛奉上天之成命師聖人之遺書發忠孝於君親生信義於鄉閭推誠心而獲

顯不矯然而祈譽嗟乎雷同毀異物惡其上妙筭者謂迷直道者云妄坦至公而無猜卒蒙恥以受謗雖懷瓊而握蘭徒芳潔而誰亮哀哉士之不遇已不在炎帝帝魁之世獨祇修以自勤豈三省之或廢庶進德以及時時既至而不惠無爰生之晤言(爰盎)念張季之終蔽(釋之)愍馮叟於郎署(唐)賴魏守以納計(尚)雖僅然於必知亦苦心而曠歲審夫市之無虎眩三夫之獻說悼賈傅之秀朗紆遠轡於促界悲董相之淵致屢乘危而幸濟感哲

人之無偶淚淋浪以灑袂承前王之清誨曰天道之無親澄得一以作鑒恒輔善而佑仁夷投老以長飢回早夭而又貧傷請車以備槨悲茹薇而殞身雖好學與行義何死生之苦辛疑報德之若茲懼斯言之虛陳何曠世之無才罕無路之不澀色立切不滑也伊古人之慷慨病奇名之不立廣結髮以從政不愧賞於萬邑屈雄志於戚豎竟尺土之莫及留誠信於身後慟衆人之悲泣商盡規以拯弊言始順而患入奚良辰之易傾胡害勝其乃

急蒼旻遐緬人事無已有感有昧疇測其理寧固窮以濟意不委曲而累已既軒冕之非榮豈縕袍之為恥誠謬會以取拙且欣然而歸止擁孤襟以畢歲謝良價於
朝市

閑情賦并序

初張衡作定情賦蔡邕作靜情賦檢逸辭而宗澹泊始則蕩以思慮而終歸閑正將以抑流宕之邪心諒有助於諷諫綴文之士奕代繼作並

因觸類廣其辭義余園閭多暇復染翰為之雖
文妙不足庶不謬作者之意乎
夫何瓌逸之令姿獨曠世以秀羣表傾城之艷色期有
德於傳聞佩鳴玉以比潔齊幽蘭以爭芬淡柔情於俗
內負雅志於高雲悲晨曦之易夕感人生之長勤同一
盡於百年何歡寡而愁殷褰朱幃而正坐汎清瑟以自
欣送纖指之餘好攘皓袖之繽紛瞬美目以流眄含言
笑而不分此章說莊姜容貌之美所宜覩幸曲調將半景落西軒悲商

叩林白雲依山仰睇天路俯促鳴絃神儀嫵媚舉止詳妍激清音以感余願接膝以交言欲自往以結誓懼冒禮之為諐（諐袪言切過失也說文愆字俗作諐）待鳳鳥以致辭恐他人之我先意惶惑而靡寧魂須臾而九還願在衣而為領承華首之餘芳悲羅襟之宵離怨秋夜之未央願在裳而為帶束窈窕之纖身嗟温涼之異氣或脫故而服新願在髮而為澤刷玄鬢於頹肩悲佳人之屢沐從白水以枯煎願在眉而為黛隨瞻視以閒揚悲脂粉之尚鮮或

取毀於華妝願在莞而為席安弱體於三秋悲文茵之代御方經年而見求願在絲而為履附素足以周旋悲行止之有節空委棄於床前願在晝而為影常依形而西東悲高樹之多蔭慨有時而不同願在夜而為燭照玉容於兩楹悲扶桑之舒光奄滅景而藏明願在竹而為扇含凄飇於柔握悲白露之晨零顧襟袖以緬邈願在木而為桐作膝上之鳴琴悲樂極以哀來終推我而輟音考所願而必違徒契契以苦心（契泣結切）擁勞情而罔

訴步容與於南林栖木蘭之遺露翳青松之餘陰儻行
行之有覯交欣懼於中襟竟寂寞而無見獨悄想以空
尋斂輕裾以復路瞻夕陽而流歎步徙倚以忘趣色慘
悽而矜顔葉燮燮以去條氣凄凄而就寒日負影以偕
沒月媚景於雲端鳥悽聲以孤歸獸索偶而不還悼當
年之晚暮恨茲歲之欲殫思宵夢以從之神飄颻而不
安若憑舟之失棹譬緣崖而無攀于時畢昴盈軒北風
凄凄憫憫不寐衆念徘徊起攝帶以伺晨繁霜粲於

素階雞斂翅而未鳴笛流遠以清哀始妙密以閑和終寥亮而藏摧意夫人之在茲託行雲以送懷行雲逝而無語時奄冉而就過宋本云行雲逝而不我留時亦奄冉而就過徒勤思以自悲終阻山而帶河迎清風以袪累寄弱志於歸波尤蔓草之為會誦名南之餘歌坦萬慮以存誠憩遙情於八遐

昭明太子序云白璧微瑕惟在閑情一賦

東坡曰淵明作閑情賦所謂國風好色而不淫

正使不及周南與屈宋所陳何異而統大譏之

此乃小兒强作解事者

陶淵明集卷六

欽定四庫全書

陶淵明集卷七

晉 陶潛 撰

贊 疏

扇上畫贊

荷蓧丈人 長沮桀溺 於陵仲子 張良公

丙曼容 鄭次都 薛孟嘗 周陽珪

三五道邈淳風日盡九流參差互相推隕形逐物遷心

無常準是以達人有時而隱四體不勤五穀不分超超丈人日夕在耘遼遼沮溺耦耕自欣入鳥不駭雜獸斯羣至矣於陵養氣浩然蔑彼結駟甘此灌園張生一仕曾以事還顧我不能高謝人間岧岧丙公望崖輒歸匪驕匪恣前路威夷鄭叟不合垂釣川湄交酧林下清言究微孟嘗遊學天綱時踈眷言哲友振褐偕徂美哉周子稱疾閒居寄心清尚悠然自娛翳翳衡門洋洋泌流曰琴曰書顧眄有傳飲河既足自外皆休緬懷千載託

契孤遊

與子儼等疏

告儼俟份佚佟天地賦命生必有死自古賢聖誰能獨免子夏有言死生有命富貴在天四友之人親受音旨發斯談者將非窮達不可妄求壽夭永無外請故耶吾年過五十少而窮苦每以家弊東西游走性剛才拙與物多忤自量為己必貽俗患僶俛辭世使汝等幼而飢寒余嘗感孺仲賢妻之言敗絮自擁何慙兒子此既一

事矣但恨隣靡二仲室無萊婦抱茲苦心良獨內愧少學琴書偶愛閒靜開卷有得便欣然忘食見樹木交蔭時鳥變聲亦復歡然有喜常言五六月中北窻下臥遇涼風暫至自謂是羲皇上人意淺識罕謂斯言可保日月遂往機巧好踈緬求在昔眇然如何病患以來漸就衰損親舊不遺每以藥石見救自恐大分將有限也汝輩稚小家貧每役柴水之勞何時可免念之在心若何可言然汝等雖曰同生曰一作不當思四海皆兄弟之義鮑

叔管仲分財無猜歸生伍舉班荊道舊遂能以敗為成因喪立功他人尚爾況同父之人哉潁川韓元長(名融)漢末名士身處卿佐七十而終(集本作八十)凡弟同居至于沒齒濟北氾(音凡)稚春(晉書氾毓字稚春)晉時操行人也七世同財家人無怨色詩曰高山仰止景行行止雖不能爾至心尚之汝其慎哉吾復何言

東坡曰吾於淵明豈獨好其詩哉如其為人實有感焉淵明告儼等疏此語蓋實錄也吾真有

此病而不蚤自知半世出仕以犯大患此所以深愧淵明欲以晚節師範其萬一也

趙泉山曰或疑此跪覟覟遺訓似過為身後慮者是大不然且父子之道天性也何可廢乎靖節當易簀之際猶不忘詔其子以人倫大義欲表正風化與夫索隱行怪徒潔身而亂大倫者異矣

又曰吾年過五十少而窮苦每以家弊東西游

走當作年過三十按靖節從此十一年間自潯陽至建業再返又至江陵再返故云東西游走及四十一歲序其倦游於歸去來兮心憚遠役四十八歲答龎參軍詩云我實幽居士無復東西緣若年過五十時投閒十年矣尚何游宦之有東塾燕談曰淵明與子儼疏余嘗感儒仲賢妻之言集本作孺今從漢書敗絮自擁何慙兒子此蓋一事矣但恨隣靡二仲室無萊婦抱玆苦心良獨内

愧按范氏後漢書王霸傳霸字儒仲又列女傳霸少立高節光武時連徵不仕霸與同郡令狐子伯為友後子伯為楚相而其子為郡功曹子伯遣子奉書於霸客去而久卧不起妻怪問其故霸曰向見令狐子容服甚光舉措有適而我兒蓬髮歷齒未知禮則見客而有慚色父子恩深不覺自失耳妻曰君少修清節不顧榮祿今子伯之貴孰與君之高君躬勤若子安得不耕

以養既耕安得不黃頭歷齒奈何忘宿志而慙
兒女子乎霸屈起而笑曰有是哉遂共終身隱
遯又嵇康高士傳求仲羊仲皆治車為業挫廉
逃名蔣元卿之去兖州還杜陵荊棘塞門舍中
有三逕不出唯二人從之游時人謂之二仲亦
載三輔决錄又劉向列女傳楚老萊子逃世耕
於蒙山之陽莞葭為墻蓬蒿為室衣緼飲水食
菽墾山播種五穀或言於楚王曰老萊隱士也

王使人聘以璧帛不來王遂駕至老萊之門老萊方織畚王曰願先生臨之老萊子曰僕山野之人也不足以守政王復曰願終變先生之志老萊子曰諾王去有間其妻戴畚挾薪而來謂老萊子曰是何車跡之衆也老萊子曰楚王欲使吾守楚國之政妻曰子許之乎老萊子曰然妻曰妾聞之可食以酒肉者可隨以鞭捶可授以官祿者可隨以鈇鉞今先生食人之酒肉受

人之官祿此皆人之所制也居亂世而為人所
制能免於患乎老萊子遂隨其妻至於江南而
止

陶淵明集卷七

欽定四庫全書

陶淵明集卷八

晉 陶潛 撰

祭文

祭程氏妹文

維晉義熙三年五月甲辰程氏妹服制再周淵明以少牢之奠俛而酹之嗚呼哀哉寒往暑來日月寖疎梁塵委積庭草荒蕪寥寥空室哀哀遺孤肴觴虛奠人逝焉

如誰無兄弟人亦同生嗟我與爾特百常情（謝玄傳痛百常情作迫非）慈妣（庶母）早世時尚孺嬰我年二六爾纔九齡爰從靡識撫髫相成咨爾令妹有德有操靖恭鮮言聞善則樂能正能和惟友惟孝行止中閨可象可倣我聞為善慶自已蹈彼蒼何偏而不斯報昔在江陵重罹天罰（晉安帝隆安五年秋七月赴駕還江陵是冬母孟氏卒）兄弟索居乖隔楚越伊我與爾百哀是切黯黯高雲蕭蕭冬月白雲掩晨長風悲節感惟崩號興言泣血尋念平昔觸事未遠書疏猶存遺孤

滿眼如何一往終天不返寂寂高堂何時復踐藐藐孤女曷依曷恃煢煢游魂誰主誰祀奈何程妹於此永巳死如有知相見蒿里嗚呼哀哉

祭從弟敬遠文

歲在辛亥月惟仲秋旬有九日從弟敬遠卜辰云窆永寧右土感平生之游處悲一往之不返情惻惻以摧心淚愍愍而盈眼乃以園果時醪祖其將行嗚呼哀哉於鑠吾弟有操有槩孝發幼齡友自天愛少思寡欲靡執

靡介後已先人臨財思惠心遺得失情不依世其色能温其言則厲樂勝朋高好是文藝遥遥帝鄉爰感奇心絶粒委務考槃山陰淙淙在宗切水聲也懸溜曖曖荒林晨採上藥夕閒素琴曰仁者壽竊獨信之如何斯言徒能見欺年甫過五奄與世辭長歸蒿里邈無還期惟我與爾匪但親友父則同生母則從母從音縱爾雅曰母之姊妹為從母相及齠齒齠與齔義同毀齒也家語曰男子八歳而齔齠音條齔音襯並羅偏咎靖節年三十七母孟氏卒是偏咎為失怙也斯情實深斯愛實厚念疇昔日同房之

歡冬無縕褐夏渴瓢簞相將以道相開以顏豈不多乏
忽忘飢寒余嘗學仕纏綿人事流浪無成懼負素志斂
策歸來爾知我意常願攜手寘彼衆意每憶有秋我將
其刈與汝偕行舫舟同濟三宿水濱樂飲川界靜月澄
高温風始逝撫杯而言物久人脆奈何吾弟先我離世
事不可尋思亦何極日徂月流寒暑代息死生異方存
亡有域候晨永歸指塗載陟呱呱遺稚未能正言哀哀
嫠人（寡婦也）禮儀孔閑庭樹如故齋宇廓然孰云敬遠何

時復還余惟人斯昧茲近情蓍龜有吉制我祖行望旐翩翩執筆涕盈神其有知昭余中誠嗚呼哀哉

自祭文

歲惟丁卯律中無射天寒夜長風氣蕭索(音瑟)陶子將辭逆旅之館永歸於本宅故人悽其相悲同祖行於今夕羞以嘉蔬薦以清酌候顔已冥聆音愈漠嗚呼哀哉茫茫大塊悠悠高旻是生萬物余得為人自余為人逢運之貧簞瓢屢罄絺綌冬陳含歡谷汲行歌負薪翳翳柴

門事我宵晨春秋代謝有務中園載耘載耔迺育迺繁欣以素牘和以七弦冬曝其日夏濯其泉勤靡餘勞心有常閒樂天委分以至百年惟此百年夫人愛之懼彼無成愒日惜時存為世珍沒亦見思嗟我獨邁曾是異茲寵非已榮涅豈吾緇捽兀窮廬酣飲賦詩識運知命疇能罔眷余今斯化可以無恨壽涉百齡身慕肥遁從老得終奚所復戀寒暑逾邁亡既異存外姻晨來良友宵奔葬之中野以安其魂窅窅我行窅烏了切深目也蕭蕭墓

門奢侈宋臣儉笑王孫廓兮已滅慨焉已遐不封不樹日月遂過匪貴前譽孰重後歌人生寔難死如之何嗚呼哀哉

此文乃靖節之絕筆也

東坡曰淵明自祭文出妙語於纊息之餘豈涉死生之流哉

陶淵明集卷八

仿古版文淵閣四庫全書

集部・陶淵明集（二冊）

編纂者◆（清）紀昀　永瑢等
董事長◆施嘉明
總編輯◆方鵬程
編印者◆本館四庫籌備小組
承製者◆博創印藝文化事業有限公司

出版發行：臺灣商務印書館股份有限公司
台北市重慶南路一段三十七號
電話：(02)2371-3712
讀者服務專線：0800056196
郵撥：0000165-1
網路書店：www.cptw.com.tw
E-mail：ecptw@cptw.com.tw
網址：www.cptw.com.tw

局版北市業字第 993 號
初版一刷：1986 年 5 月
二版一刷：2010 年 10 月
三版一刷：2012 年 10 月
定價：新台幣 1800 元　A7620121

國立故宮博物院授權監製
臺灣商務印書館數位製作

ISBN 978-957-05-2758-2

國家圖書館出版品預行編目 (CIP) 資料

欽定四庫全書．集部 ： 陶淵明集／（清）紀昀， 永瑢等編纂． -- 三版． -- 臺北市 ： 臺灣商務，2012. 10

冊；　　公分

ISBN 978-957-05-2758-2（全套 ： 線裝）

1. 四庫全書

082.1　　101019398